AF600019

Raúl Carbonell Sala

El tres de copas

Primera edición: 2025

Ediciones Endymion
C/ Cruz Verde 22
28004 Madrid. España

www.edicionesendymion.net
ediendymion@yahoo.es

ISBN: 978-84-7731-698-5
Depósito legal: M-25493-2025

Impreso en España

El tres de Copas

Valdepeñas, 1980 - Càrcer, 2014

MIENTRAS EL CIELO ARDÍA

No hay vil quimera ni pasión cumplida. El tiempo y la memoria se conocen tanto, se ajustan tan bien, que cuando se aproximan para danzar ceñidos, se otorgan y se aceptan trenzando un nuevo baile con los ecos de siempre, que no han de retornar pues nunca se alejaron. La palabra se sustenta en la pulsión verosímil de recuperarse para lo eterno, ajena a cualquier eventualidad y a cualquier límite, que siempre quien amó lo hizo por primera vez, y por primera vez lo hace de nuevo cada vez que el amor se hace presente. La distancia otorga la piedad de su cicatriz, aunque bajo ella siga fluyendo, incapaz de silencio, la sangre siempre fresca de la herida, sangre para el galope y no para el sosiego. Hubo amado quien deseó el amor. Fue amado quien halló en el deseo un lugar para el placer y la desmemoria: no haber de recordar, porque siempre es presente. Así este libro lo propone y lo afirma.

Raúl Carbonell Sala nos convoca en *El tres de Copas* a un viaje que no determina sus límites: el tiempo del poema es siempre el tiempo del lector, y cada vez que alguien abra este libro notará en sus labios la dulce y salobre paradoja del fruto en sazón, la víspera de todo, la plena juventud de los amantes, que concede su efímera inmortalidad como un don que no puede ser rechazado, ni por quien escribió los versos, ni por quienes ahora lo aceptamos al recibirlos en el albergue de nuestra propia experiencia. Se propone el poeta en el poema, y el lector se ahorma a lo propuesto, lo recibe y lo acoge. Y así el poema ocurre, y la poesía -y el lector- acontecen.

La luz de la llanura reflejada después en la luz de la costa, definen los prolongados hemistiquios en que este libro se desgaja. El poeta, que ama en arco desde el levante al poniente de la luz, ha clavado sus dedos en el centro de la granada, abriendo en dos y perpetuando el fruto del deseo, la vehemencia, la pasión, que humedecen y endulzan, de principio a final, una lectura intensa, febril, desasosegada, tal como se intuye que fue la escritura, realizada en tiempo presente mientras el cielo ardía. Poemas mordidos, lamidos, arrullados. Poemas encelados, borbotón y respuesta. Poemas desleídos en la larga caricia que encuentra su Tabor en el vértice blando de una cómplice lengua, de antemano entregada. Por su cesura honda se respira vida, la intensidad del conocimiento no racional, el aprendizaje veraz que otorga toda alma impregnada de cuerpo, que es el alma sudorosa de los amantes destilándose unida como un denso licor.

La poesía es el territorio de lo inefable, no el único, pero sí primordial para quienes asumimos que lo que a través de ella se nos comunica no puede ser transmitido de ninguna otra manera. Así nos vemos ahora sumergidos en la evocación de un momento fundamental para la voz creadora, y la humanidad y la historia de un hombre, Raúl Carbonell Sala, que siempre se ha constituido, poética y vitalmente, desde el rigor y la valentía.

Donde estuvo, está el amor. Donde caminó, camina la palabra. Quien lo anheló, halló el encuentro. Muchos años después volvemos al principio, sumergiendo las manos en las aguas de un río que ya no seremos, pero que tampoco hemos dejado de ser, ni él -poeta-, ni nosotros -lectores-, quizás, porque el amor es único y siempre toma la forma del cuerpo en que se vierte. También la poesía. Adéntrense en la hermosura de la de Raúl Carbonell Sala. Sí, quema; pero está bien que queme.

FEDERICO GALLEGO RIPOLL

EXTREMIDADES

VENENO DE PUREZA

Poco sabes de cosas moribundas
Porque ser joven como tú, y terso,
Es como no saber nada a conciencia
Teniendo los poderes, sanas manos
En el presidio de la infancia ruda.
Es el poder, los dedos que perfuman
La piel deseada, piel que más se ama.
Ser joven sin saber qué alma tienes
Y verte un viejo sueño en el aire
Donde todo se aprende y asesina.
Llorarás si envejeces y eso llega
En pocos meses esta faz hermosa
Será la cara rota de hombre ardido,
Que siente eterna tanta alma muerta
Cuando no perseveres en la ciencia
De la verdad sublime que nos queda
¡Detente oh miserable sin belleza!
Darás tu lozanía muchas más veces
Bebiendo anillos, agua toda verde,
Agua muy conmovida por las piedras
Agitada en su seno y en sus pieles
Dando feo el paraíso y su esplendor.
Tu lozanía premia con emociones
Nunca correspondidas y palabras
De una larga vida de mediocres
Resultados luchando durante años
Para hacer arcilla del mal tiempo
Aquél que dura 30 años sin muerte
Y luego no se sabe si pudo ser,
Si ocurrió o fue la vil quimera
Que nos trajo aquí con tanto desdén.

SER MELIFLUO

Reniegas de los débiles del lugar
Y la risa te sabe como un vicio,
Un sabor a demonche dulcísimo
El paladar de hormigas salivadas
Que no comprenderás a la hora bufa
Cuando el sarcasmo goce de la vida
Y muera la sutileza del estío.
Pero tú eres el bello ser erguido,
El vencedor del fuego, no vencido,
Una mano sin vida y la vida
De todas estas manos mal sujetas
Al muro que se cae sin tener culpa
De jóvenes ilegibles mostrando
Una sabiduría vana y hueca.

LOS PAPELES PERDIDOS

Tú y los vuestros,   tan fuertes raposas
Consumís el mejor   néctar del bosque
Protegidos del tacto   que perturba
La templanza caída   en la nada.
Se prohíbe tocar   los labios rojos
Y la mente azul   de los desastres;
Las desgraciadas   artes destructoras.
Dibujarte no supe   en el charco
Donde pudo quedar   la imagen grata
Sola ante mis ojos   de beduino.
Los vuestros   se lo saben por un diablo,
Yo sólo lo intuyo   y os conozco
¡Demonio de la rosa!   ¿Por qué mientes?
Lo guardas todo   para no dar vida
Sin ver la rapidez   con que transcurre
Ni gozar el placer   en tierra propia
¡Oh fogata sin luces   de insomnio!
Sucumbes sin saber   de tu torpeza
Adorno de solapa,   broche fácil
¿Quién sufre por ti   y te persigue?
Si genital   alguien te ama mucho
Regálate tu instinto,   todo tu ser
No guardes la belleza   otro día
Porque muere el amor   y así nosotros
Nos iremos vacíos   a un llano
Deseando llegar   plenos estando vivos.

ÍNTIMA MENTIRA

Vivimos desolados en un mundo
Que exalta la locura del mezquino,
Este vicio frugal de los hipócritas
Hablando de poesía y de banca
Representando la obra sin respuesta
Que contesta a varios de los sueños
Cifrados en la mesa de las cuentas.
Juntaron tanto oro sin poesía
Que la fuerzan y violan a su modo
Porque ellos son así, nos defraudan
Son gente de la banca y de mierda,
Oficio de mentiras que convencen
Jamás bien digeridas ni indigestas
En la crónica negra de las letras.

LA LEY DE UNO POR DOS

Hay un enamorado   y otro amado
En el teatro, el cine,   en la acera
Y entre estas sábanas   florestas.
Uno sufre de amor   y otro sonríe
Porque apenas   si le pasa nada
Y otros se van y vienen   sin saberse,
De pie o sentado en casa   ¡qué más da!
Uno sufre en flor,   otro sin amor
Ni mancha ni le llama,   solo existe
Viendo pasar pasiones   sin ser suyas
Que nos miran con ojos   muy pasivos
Porque apenas   si nos pasa nada:
Hay un enamorado   y otro amado
Como siempre,   para siempre.

NOBLE SOLAR

Yo soy el que no habla por el miedo
A la crueldad de este soto mundo
Que no sabe ni escucha y se come
El hígado de aquéllos que ha pescado.
Yo soy uno entre muchos y estoy solo
Y espero lo peor para los míos
Que a medias se lo dicen si yo me callo
Y me callo y mucho para tener
La vida que me llena, vida entera
La que fue de mis padres y la mía.
Siendo un hombre libre soy la vida
Y no opino de esta casa siempre tuya
Que al viento del roble me heriría
Con el puñal impreso en el brazo.
Yo soy el mundo de la casa que disfrutas
Entre ambos amores de pasión
Estoy muerto de miedo por si escucha
Un oído muy sucio y nos hunde
Esta nave agridulce de unas vidas.
Porque nada es mío y lo es tuyo
En un régimen cruel de ignorantes
Que nos dará por muertos sin llanura,
Sin saber de belleza ni sabores.

AMANECER PEREZOSO

Media Luna cargó las culpas perras
Del jardín perezoso del estío
Que La Mancha estira y endurece.
Para sentirse un perro hay instinto
Y habrá un instante de cara fea
Por algo muy atroz que no hemos hecho.
Cuando me amaneces duermes lento
Y en mi pecho cerrado veo la verdad
De tu cara y tu tiempo de arena miel.
Eres paisaje al óleo que se ofrece
Entre las dos cinturas con hormigas,
Una espalda dura y muy frágil
A veces la espuma de los pechos
Y una leve sonrisa legítima.
Somos ya mucha gente: tres silencios
Y sólo dos metidos en la cama
Recordando la voz de aquel Cernuda
Citado muchas veces por Gregorio.
¡Ay íntima pereza de la cama!
Decidme que llegó la hora de irme
Porque no sé morir si amanece
Y empieza el día, el comienzo,
Y yo no sé si estoy ya acabado
Pero quiero amar y ser amante
De un bello mentón de lengua y punto
Y de un pubis frenético y adicto.
¡Vosotros los sabios decidme qué hago!

DESPRECIO DEL MACHO

Indomable quejido   que va al aire,
Grito sin gracia,   grito de ilusos
Llorando decepciones   en cadena
Ante este cruel mundo   que desencaja
Dando las vueltas   hasta un más allá
De su propia tristeza,   sí, ¡oh mundo!
Todo es imaginario,   siempre nada
Así la impureza   se hace gracia
Y acerca iguales   a unos y otros
Aunque el mundo   lo crucen despreciables
De cualquier ciudad   y de otro punto.
Muchos son los heridos   por desprecio
Y otros tantos sufren   el insulto
De algunos banqueros   y empleados.
Pero a ellos   les canto hoy en día
Y les exalto a ser   mucho mejores
Porque son hombres   alejando a Dios
A cambio de dinero   amañado
Y van con los divinos   pero humanos
Y ninguna doctrina   salva ricos
Compradores   de cielos y de idilios.
Quejido indomable   y oscuro
Se oye la voz frecuente   del astado
Porque así acaba   tanto macho
Rodeado de evidencias,   asediados
Por un futuro   que les es negado.

EL ENGAÑO INOCENTE

La inocencia a veces nos confunde
Si la ves en el rostro de un amor
Con esa cara dulce, indolente,
En un es que será y es otra cosa.
A veces nos engaña el insulso
Con su juego menudo nunca fresco,
Diciendo ser un rayo y no es nada
Aunque hay otros días sin sorpresa
Y así presencias vivas de otro lado
Que no pueden ver los que dicen verlas.
Podrías contemplar ahora y siempre
Al que ve y lo sabe y el que no ve
Buscará seducciones con el juego.
La inocencia confunde cuando es mucha
Y dicen saber tanto, no sé cómo
Han aprendido a ver almas allí
En un lugar que nadie sabe si ama.

LA COLUMNA DESNUDA

No sabría decir si es el olor,
La noche sin luz, Luna, las estrellas,
El pie de la columna más oscura
Del patio tan antiguo de la casa
Con altas aspidistras y acantos,
Sin mirar meteoros ni adjetivos.
No puedo creer el sueño revelado
Ni que seas tú la Grecia nunca vista.
Juntas las bellas rosas del martirio
Que la belleza pone para irse
En su silencio, antes del desnudo
Tan atractivo como crónico,
Pérfida tu belleza en mis ojos
¡Qué leve es la noche para amarte!
Donde no hay ya nada que mirar.
Noche de leve acorde ¡ay la noche!

HUELES A CEBADA

Cuando digo   que hueles a cebada
Se enfría   mi garganta, se me seca
Y quisiera oler   tu grácil paso
De ave rosa   andando sobre el agua
Que me atrae   con su gesto más salado.
Parece otra vida   y el temblor
Frecuente   en las conchas marineras
Cuando el paso   anima esta vista
De un adjetivo   místico y bien dicho,
Que te salve   del mundo del suspiro
Y del piano   tocado que se crece
En un sonido   fuerte de caballo.
¡Oh aire fiero,   aire que revive!
¡Boca seca,   saliva que aclama!
Cuando digo   que hueles a camino
Digo así que serás   de otra mano
Pero nunca la mía,   la mía nunca.

LA PORCELANA

También va el agua de locura
Bajando la espalda de una ola
Cuando cae en la dulce porcelana
Del plato de la ducha de a diario.
Allí queda la piel que no te vive
Exfoliada esponja de mar fina
Que luce el color de las magnolias
En lo rubio y verde de tu vello,
Asombrando miradas de sorpresa
Según el agua viene de la ducha
A tu mentón de rostro dibujado.
Mudo yo ahora, llueve aún de broma
Mojando el aire fácil con palabras
Que no digo mirando el esplendor,
De reojo con mi cara invisible
Para la vida pródiga y sextil
Que yo canto a solas sin la ducha
Agradecido a quien da la belleza
Por azar a los ojos apreciables,
Que recuerdan hoy y siempre un segundo
La visión del espejo del lavabo
Donde a veces ocurren las historias
De los ojos cerrados, muy callados
Y los labios más húmedos que el agua
Tragada al instante cuando empujas.

COPAS DE BRANDY

Es medianoche   cuando miro al techo
Con el sabor a brandy   en los labios
Y varias copas serias   compartidas
Sin haber dicho apenas   dos palabras
De barra y alcohol   color almendra
Narciso de saberte   a hurtadillas
Por los ojos que matan   todo deseo
Con varios cubalibres   esperando
Ser la noche furiosa   con batalla.
Pero ya es medianoche.   Te has ido.
Y en el techo   sonríes entre rizos
Mirando al clandestino   que te mira
No siendo suficientes   mis dos ojos.
Aprecio el asomo   de tu vello
En la camisa   blanca no abrochada
Donde admira   tu piel de la piscina
Dorada   como el brandy de la copa.
Pero es medianoche   y ningún juego.
Mañana te harás   el encontrado
Y pediré   dos copas con palabras,
Le daré vida   al techo de mi cama
Y te pondré camisa   limpia y nieve
Con el vaquero azul   de otras miradas.

ENSAYO DE UN BOLERO

¿Alguien se esconde entre las palabras
Que sanan el fracaso del doliente?
Sabiéndote bello sabes mucho
De amores ocurridos con las risas
Porque hay que juntar tantos fracasos
Como olas pequeñas la ola grande,
Sumando tiempo sabio, tiempo vivo
Que nutre esta vida de su sabia
Y del ser poderoso que aparece
Cuando la esquina va y llama libres
A quienes se esconden en palabras
Allende el cielo azul añil y rosa
Hasta mirar la frente del dotado
Que inspira la palabra de tu pecho.

FINES DE LA DUDA

Apártate de mí   ahora y siempre
¡Oh hermosura   exultante y dulce!
Aleja ya   mis ojos admirados
Y así mis manos   puede que muy largas
Para mirarte fácil   la belleza
Y beberla con sed   sin pensar nada.
Has cerrado los ojos   y contemplo
Tu mentón   con hoyuelo mal centrado
El que tiembla   al llorar y si sonríes
Porque tú   también lloras y ríes
Y yerras   aunque joven, y estornudas
Por ser tú –amor tuyo–   poco amigo,
Una llama ancestral,   jarro de agua
Para apagar fuego   y altas llamas
En este árbol   seco de alma verde.
Pero puedo quererte,   y lo niego
Si pienso en ti   como en la vida
Y sé que tú   venías a lo mío.
Porque puedo mirar   la cara ciega
De los vivos   a este sur del mundo
Bajo las lluvias   prontas las tormentas
Dispuestas a arrasarlo   todo y nada.
Déjame el descanso   sin mi culpa
Con este sentimiento   solo mío,
Papel en blanco,   humo de pitillo.

LAS AGUZADERAS

En realidad, yo no quería amarte
Ni darte la ventaja de un soplo
Que levante arena y me ciegue
En una ceremonia de verano
Cuando en la piscina azul torso
De Las Aguzaderas, sales héroe
Ante miradas de mujeres claras
Que no te amarán porque tú no amas
Y derrochas belleza ante el Ángel
Al que le arrancó la sombra el día
Cuando sales del agua de tu cielo
Y todo puede ser mentira pobre
En la piscina más bonita y fresca
Que te muestra el fauno y digo fauno
De bañador de lycra roja al gusto
Cuando yo no quería amarte tanto
Solo ver tu color rojo nadando
Y la fragancia plena de La Mancha
A eso de las cinco de la tarde
Cuando eres el sol y yo soy mirada.

PALABRAS Y EMBELESO

NUNCA DIRÉ TU NOMBRE

Canté las bellas   cosas del mundo
Cuando no   parecía ser propicio
Porque vivir   parece algunas veces
Algo nuevo,   que muere y revive
El brío   tan flamante por sorpresa
Que colmará el pecho   ya escrito.
Hoy canto   tu atractivo ya sabido
Y entiendo   que no sepas amar
A falta de altura   y sentimiento.
El amor es   la llama de la vela
Cuidada por la mano   contra el viento
Por eso entonaré   toda mi voz
Glosando   maravillas del amor
Que a solas   un alma siente lava
Cuando tiembla   la vida por los dos
Corazones con ojos   de por vida.

TU COPA VACÍA

Las copas tan vacías te dan sed,
No tienen alma y les falta vino
Porque así son muchos de los nuestros
Que dicen ser la copa más llena
Sin contenido, sin gozo ni llama.
Entre los nuestros hay gente en la parra
Que nació y lloró, sigue ausente
No saben vivir su cuerpo altivo
Y van por las afueras no por dentro
O fueron al lugar donde perdonan;
Acaso se murieron sin saberlo.
Algunos de los nuestros van, cabalgan
A la grupa del viento, en la ráfaga
Que se lo lleva todo por derecho
Sin exponer razón ni una palabra.
El mundo se ha llenado de vacíos
Con exceso de fama y regusto.
Parece que todos saben lo que hacen
Día a día improvisan al rebote
Y luego cuando llora gente herida
Toman un vuelo y se van a Suiza.

EL SECRETO DE MI VIDA

Cuando me quedo solo   anochece,
Aparece el claro   de la Luna
Más fresca cada noche   del tejado
Si recuerdo el pasado   ya florido
Y me veo en tus ojos   vivo, claro.
Espero la visita   de un alma
Que ahora me circunda   y me vuela
Buscando este cuerpo   para verse
Ahora que no recuerda   ya el suyo
Por ser el cuerpo   lo que más se olvida.
Cuando estoy vacío   ellas buscan
Y me encuentran   listo y sincero
Para que me habiten   y yo las viva
En esta vida boba   sin criterio
Soy el afortunado   de otro mundo,
Valgo para ver éste   y tantearlo
Con el pleno pulmón   y vida plana.
Me están esperando   las personas
Y si salgo al jardín   miro la vela
O se me cae la noche,   y ellas llegan,
Se me muestran   y nunca piden rosas
De invierno ni de tela.   Ellas vuelan
En busca de los raros   con mi sangre
Y luego se me crecen   y en mí laten.

TABLA DE CALIDADES

Más grande es   lo tuyo que lo mío
Pones el valor   tú solo sin mirar
Y yo lo acepto así   o me veo solo,
Solo como un castigo   para siempre.
De nada valió   la razón mía,
El genio levantisco   que yo aporto
Con belleza risueña   creada a tu fin.
Y seré   el regalo de tu copa
En esta mi bandeja   de fiel plata
Y yo en medio   del patio centenario
Aportando ahorros   nunca vistos…
Siempre fue vuestra casa   no la mía
Los dos mano a mano   y contra mí
Uno hablando de amor,   otro celoso
Buscando ser mejor   que el sol caliente.
Y aquí el poeta   invitado ardido
Con la luz apagada   iluminando
El oculto amor   de la sábana
Y el temblor de la vela   con su llama.

HABLA EL MODELO

Yo admiro tu pubis   cuando me hablas
Si ordenas   el espacio de tu lienzo
Para formar la fruta   casi muerta
En este bodegón   de formas prietas.
Me gusta el pincel   y el color verde
Cuando miras y dices   "*Es el color*
Trigal de Benjamín   *Palencia*", verde,
Y veo en la llanura   de Albacete
Barrax abierto en dos   con la elegancia
De aquel Benjamín   del Madrid sabio.
Con pasión contemplo   el borbotón
Del color de paleta   y el lienzo
Donde deformas   líneas por estilo.
Si me miras irónico   y pintas
Zapatos al revés   y algunos libros
En un retrato fiel   de tantos otros
Que me pintas   a eso de las cuatro
Cuando duermen   los tuyos y tu madre,
A la hora del desnudo   bajo el flexo.

RUEGOS Y PREGUNTAS

He escrito el libro de una noche
Llevado por el alma conocida
Que movía mi mano sobre el papel
Blanco bajo el flexo de mi mesa.
Hay veces que se escribe por impulso,
Brotan tantas palabras de tu pluma
Que se redondean solas, voces largas
De gran predicamento, las palabras
Dueñas de cuantas almas son la ciencia.
¡Oh voz divina, último sonido
Que aparece en mis dedos con estilo!
Dame días íntimos como éstos
Y yo crearé las voces más vitales
De tu renacimiento con fortuna.
¡Oh voz de allí que apenas se propaga
En cascada ruidosa y a diario!:
Dejadme escribir cuanto he dicho
En la blanca pared de este mundo.

DELICADO

Tu vocación viene de muy lejos
Y aquí está presente el artista,
El pintor de la casa que va y vuelve
Por las copias al óleo y las plantas.
Él nunca se ha ido de este patio
De columnas más nobles que la fuente
Y lo llevas impreso en tu alma
Sin que sepas que él te buscó alegre
Y le habló amargo a la sombra
Del portal antiguo y tan blanco.
Me trajo a mí despacio a la ciudad,
Toda La Mancha junta y festiva
Cuando tu madre riega las mil plantas
De Manuel Delicado Mena, genio
Echado a perder en la llanura
Después de París, Madrid y Roma.
Hay tardes muy gozosas en que mira
La copia luminosa de Sorolla,
Sólo así la luz crece y aumenta
Y lamenta haber herido a muerte
La bélica escena del 6 de Junio
Con *Juana La Galana* en un lugar
Llamado Valdepeñas, la honda patria
Del bebedor muy culto a toda hora.
Cuando te conocí sí lo llevabas
En tu sombra oscura, un adalid
Queriendo que irrumpas, al contrario
Del cómodo propósito de clase.
Delicado te pide la renuncia
Que vivas el oficio ofendido…

Y se irá un día   si estás lejos
De lo que él espera,   y no dirá
Ningún pretexto ágil   que te culpe
Porque suya   es la falta de energía
Para ver el dintel   del infinito
Purgados todos estos   años juntos
Con la espera   y el silencio del talento.

1973

Tengo una moto   Vespa azul hondo,
Una moto   que corre a Infantes
Buscando el Quevedo   del asombro.
Está más que usada   y adelanta
Sin mucha gasolina,   con tus lienzos
A modo de una vela,   recién hechos:
Ruta del Cementerio   con moreras
Llenas de frutas dulces   y cipreses
Dando por noes   las lanzas espadañas;
Los paisajes dorados   del buen trigo,
La Mancha tolvanera   tan querida
Que te impregna   dulce e ilumina.
Buscas tú los colores   de la nave
Y la nube delante   de un azul
Intenso y más claro   tras los cirros,
Y esta moto Vespa   azul hondo
Me lleva a un poema   con columna
Que mucho   me recuerda a Sagrario
Mientras pintas   el día en *El Peral*
Cuando asoman   palabras de Joaquín
Y se nos viene   encima tanta noche
Como agua oxidada   da la fuente.
Te llevo a la grupa   a Almagro
Donde la tierra   está llena de versos
Y los cielos pintados   con la mano
Sobre viñas tumbadas   a la espera
De mis palabras leves,   tus colores
En un atardecer   casi astillado.

ESTACIÓN DE VALDEPEÑAS

Hay un expreso   que surca cada noche
Y una Luna llena   para árboles.
Más allá de la vista   hay dos silos
Y junto a la pared   hay dos farolas
Alumbrando oscuros   con sus círculos.
Pasa un ciudadano,   no, es súbdito
De El Pardo. Y un tren   parpadea rojo
Según se va alejando   por el puente:
No muy lejos de aquí   hay otro reino,
Es el lugar sagrado   de los ciervos
Y el gozo de sabores   y sentidos
A la espalda de pinos   y florestas.

PROBLEMA DE OÍDOS

Me niego a escucharme   a mí mismo
Llevado por la fuerza   de mi ombligo
Que busca a uno u otro   cuando no es
Al contrario y me buscan   sin saberse.
Este es un problema   de oído
Y de escuchas, de hablar   y dejar dicho,
De una voz, un lugar   de amor fuerte
Donde vive el silencio   que a los sordos
Ennoblece y al amor   lo diviniza.
Es asunto de oídos   y de escuchas,
Es un caso sin luz   que se ve crecer
Con los blancos botones   de camisa
En un extremo u otro   de esta casa
Si la noche se entrega   en la higuera
Y el día sonríe   entre tinajas.

COPULATIVO

No son pocos errores   los vividos
Y están muchos   hechos que te incitan
A errar para verte   por si acaso
Frente a enemigos   libres y extraños.
¡Oh error del amante   copulado!
Te vas al cañaveral   a por besos
A la sombra de hojas   de higuera
Y en la cara recibes   el geranio.
En un amor todo   o casi todo
Son los grandes errores   y un acierto solo:
Si los amores son   uno y uno
Y a esta canción   le falta aire
¿Sabré yo respetarme   si oculto
La voz salve   que pide a los dioses
Paciencia, claridad   y mucha gracia?
No se entiende el modo   en que ocurre
Pero uno y otro   se hacen nada
Y al mirar el paisaje   ves muy claro
Que lo imposible   llega a tu alma
Y se establece   como un principio
Que es indispensable   por sí mismo.

EL VIAJE

Te fuiste con la bici   a ver mundo
Y mi tiempo busqué   para pensarte.
Fue un verano rudo   con inicio
Y con un final   ebrio de vendimia.
Te olían las manos   a tinaja
Y tu sudor   sabía como a piedra
Así que deseé   catar los labios
Cuando el amor   toma vacaciones
Y tú has conocido   en las plazas
De muchos viejos pueblos   con muralla,
El deseo de los ojos   de los lobos.
Has sabido dormir   bajo el cielo
Y buscar bocatas   no muy tiesos
Que te dan energía   gruesa y brava
Para todo el decoro   y hermosura
Del pelo tornasol   y los rizos gruesos.

AMOR EN VALENCIA

Sí, ámame, esclavo no me pidas;
Quiéreme por algo sin enojo
Como a veces herido por antojo
Por mal sueño cubierto de más vidas.
No me busques el eco por paredes,
Sus murmullos, amor sin su morada,
Quiéreme si quieres de por nada
En Valencia sin tantas viejas redes.

Nunca esclavo, quiéreme persona.
La paloma laudina va al tejado
Si es el mejor amor acto hablado:
No ames algo por odio que se dona
Sin pasión sentida cuando vieres
A dos seres uniendo su pasado,
Sin envidia, virtudes de amor dado
Para vivir la suerte que más quieres.

No me pidas morir matando el alma
Si vivimos la vida por un árbol
Y sabemos cantar al frío mármol,
Amor mío, tenemos luz y calma.

PENSAR EN VOZ GRIEGA

No he de temer   tantas emociones
Que me invaden   para ser el fruto
Y ser el buen aliento   y mejor forma
De construir   la voz del poeta solo
El que teme espejos   y escribe
Y piensa cada día   en su gesta,
Su punzante   vivir en las tormentas
Para crear magia   sola de un rayo,
Ese poder azul   de mejor brisa
Transformando la luz   de nuestro cielo
En este paladar   que te ofrezco
Con mis labios   cernidos en el aire
Que cuando lo aspires   en silencio
Vivir   no volverá a ser lo mismo.

EL AGUACERO

La lluvia me incita a caminar,
A correr y correr detrás de nadie
Con el mismo impulso que si mueres
Y te lleva una fuerza a la puerta
Donde nuestra tarea se va a perder.
Sueños no alcanzados y a la espera.
No sé yo lo que tiene esta lluvia
Pero todos corremos tras la nada
O creemos correr sabios tras la clave
De los grandes secretos del mundo real
Como interesados por lo nuevo
De un cambio pensado en tus artes
Más secretas que íntimas pero artes.
El caso es que no sabes lo que buscas
Pero hallas sensaciones ya mojado
Cuando el agua bella cala la piel
Y eres ganador de vida buena,
La acera diferente para escapar
De ti mismo según creces y conoces,
Si respetas la vida del buen traje.
No es lo mismo correr bajo la lluvia
Que salir al trabajo muy temprano.
Yo con la lluvia corro de milagro
Como los fracasados cuando llaman
Buscando predicciones sensoriales.
Aunque yo adivine el pasado
No sé el rastro futuro de la lluvia,
No puedo adivinar sobre el presente
Porque voy al revés del mejor mundo
Y llego al dintel del gran espacio

Desde el que me vuelvo   para cerrar
El buen ciclo candeal   de la belleza.

EL HOYUELO

No dejaré pasar   el hoyuelo de tu barbilla
Donde pudo   mi lengua quedarse
Para siempre   durmiendo al despertar
De los dientes   claros, y tus rizos
Entre mis dedos   claros si me tiemblan.
Es tan fácil   estar enamorado de ti
Que corren   las aguas de río seco
Y suben nubes   de un mar muerto.
¡Es tan grande   y rubio este sueño!
En el silencio frágil   con mirada
De esos blancos   mármoles y labios
Dándole por fin   nombre a la nada.
No pasarán de largo   los engaños,
No, no pasan,   se quedan, hablan, beben
Y te susurro   boca contra boca
Lo mucho que yo   amo en un sonido
Sin un motivo   para ser belleza
A precio de oferta,   por un beso
Que vale o no   según el tiempo muerto.

SEDIMENTO

Guardo las atractivas   imágenes
Y las palabras   dulces del retrato
Que se posan al fondo   de mi cauce,
Tal que dorada   arena en mi vida
Dejando un manto fondo   que recubre
Raíces delicadas   con sus árboles.
Vengo guardando   noches con sus días
Junto a palabras   áridas caminan
En el fondo de este   libro de hojas
Fraccionadas,   abiertas a rarezas
Que me ocurren   a diario en el campo.
El arte de la vida   va conmigo,
Una visión   sobre otra etapa
Y el sedimento   va creciendo
Con todos los paisajes   bien guardados,
Los retratos   de gentes malheridas,
La visión del vivo   de otros lares
Y el milagro de amor   en casa viva.
Si algo queda mañana   con memoria
Lo habré puesto   yo en estas hojas
Al fondo,   en la nada que se criba
Tan silencioso   sedimento queda
Que discurre el caudal   que más se aprecia.

LA CANCIÓN DE UN RÍO VIVO

LA NOCHE, ÉSTA ES LA NOCHE

Ésta es la noche   para ofrecerte
Palabras de amor   y de abrazo,
A tus pies   y a tu alma de 1980;
Esta noche feliz   que bien resurge
Para mejor nombrarte   buen verano,
La mejor luz   de mano tan sutil
Que se aparta,   respira, se da suave
Sobre mi cuerpo   duro y cansado.
Puedes irte ahora.   Yo me quedo
Tu sombra tan elástica   ¡ay cuello!
¡Ay mis hombros!   No puedo tener todo
Pero me quedas   tú y el alimento
Con el silencio   cálido y salado
Caudaloso silencio,   vivo el miedo
Y el suspiro fogoso   que ocurre
Mil veces desdeñado   por el tiempo
Rechazado otras tantas   sin espacio
Porque eso sí,   te amo como hace
Veinte años amé   sin dar cautela,
A boca llena,   firme la alegría
Así es como te quiero   con la vida
A ola y riesgo   cándida luz vana
En la noche fallida   del gran deseo.
Así de infrecuente   y sin nadie
Porque este sentimiento   no es posible
Que lo haya vivido   nadie antes.
Créeme   es del todo imposible.

AZUD DE CARCAIXENT

De ti recordaré   olor a musgo,
Una naturaleza   húmeda
Para bien recostar   la fría frente
A la luz del Azud   en La Ribera
Por las aguas del Júcar,   el río dios,
Caudal ancho y doncel   de nuestras almas.
El gran sol   te venía a medida
Tú que pones la cara   por La Mancha
Y muestras   la belleza y el canal
A lo largo del cuerpo   mozo y grande,
A la sombra   de chopos de dos caras
Y a la vera   de mis manos largas.
Fue un día muy grande,   de los míos,
Y era la alegría   como el río
Un acontecimiento   con naranjos
Rodeando el Azud   vasto y antiguo
Donde abunda   el musgo al que huele
Tu cuerpo juvenal   sentido y mío.

DESPRECIO DEL OCASO

Podría sonreír   a tu confianza
Tú que eres partidario   de otras prácticas.
Recorrer una noche   con perfume
De madreselva suave   con aliento
De agave y chumbera   de un abrazo
Que haría las paces   con sentido.
No busqué el infierno,   estoy en él
Tantas veces inmerso,   no lo busco,
Amanece a diario   y lo encuentro
En raros   paraísos inventados.
Ambos sois   una isla que invoco
Sois ese argumento   que ordeno
Y que es indolencia   en los ojos
¡Vividores despiertos,   vividores!
Ha llegado   la hora de lo nuevo;
Cambiar tantos papeles   con sus sexos
El polo en el desierto,   sur al norte;
Cambiar todas   las rosas de los vientos
Y olvidar el número   sarcasmo
De todos vuestros días   más felices
¡Ay vividor lascivo,   bien amado!
Acaba aquí el día   de la farsa
La pasión brutal   que se me muere
Porque hay un final   en cada cosa
Y ahora va y llueve,   llueve, llueve,
Cortina de agua   dulce en el alma
Ha llegado   el día de lo propio
Que me recuerda ahora   quien fui antes
De ser tan culpable   por mi sexo.

INDICIOS DE LA SOLEDAD

Cuando tú me asombras   por amor
Y dices amar   casi un cíclope
¿Cómo creerme   tus labios tan bonitos
Con su ser   bien mentido y fascinante?
Mensajes que embelesan   y conmueven,
Señales falsas   con poder de veras.
De buenas a primeras   son tus ojos
Sobre mí   y mis versos de amor
De los hombres   con gran deseo de hombres
En un juego   de infancia y carencia,
La partida   planeando el éxito
De un joven   adorado por belleza
Con tanta soledad   como da un beso.

EL ARCHIVO DE LOS FRACASOS

Descubro la sagrada alegría
De saber buenos cuantos deseos muertos
Descansan en el trágico archivo
De los insatisfechos sueños vivos.
La caja de cartón gris y severo
Que guarda el silencio nunca visto,
El conjunto de espinas que sin flores
Se callan a sí mismas como esquinas
Lamentando lo poco que ya pinchan
Aun siendo sagrados, siendo deseos
Y sueños rechazados de primeras
Que se archivan como alimentos
De un solo acierto que ve y triunfa
Sobre filos tridentes oxidados
Y sus más altas torres con veletas.

EL AGUA AGRIA

Cuando el sol   se mueve dulce y largo
No es tu fuerza   quien mejor lo empuja,
No, ni el agua   corre con tu magia
Ni así la ola   rápida y mendaz
Sin esperar   el gesto de la nada
En el paraje   dulce de El Peral
Bebiendo   a dos manos agua agria
Cuando veo   que el agua llama y crece
Sin pensar   el amor que dan los otros
Y aprendes a ser algo   con espejos
Sin ver esa distancia   de la vida
Y la lejana muerte.   Nunca sabrás
Qué son actos mayores   y demás
Bagatelas de ruina   muy segura
Porque nada iguala   a quien amó
Ni se parecerá   a quien empuja,
Da su vida,   se da con toda el alma
Apretando los labios   para besar
Esta honda tristeza   de la piedra.

PARA LEER MIRADAS

Hechos para mirar   y ser más sabios
Jugando a volar   como abejas
Hacemos una miel   de algarrobo
En tus labios   amados como cepa
Creciendo tú   más alto que el iris
Que tanto aspiramos   en el aire
Cuando es la miel   amor y es el deseo
Que vaga de vilano   bueno y blanco
Amante   del sabor de los olores,
Amante del perfil   y el número
¡Vilano dulce   preso en las redes!
¡Seductor el vilano   va jugando!
Sin juicio y sin acento,   va jugando
En busca de sonrisa   y un herido
Con su culpa   de agua de la noria
Culpables tantos otros   y tú nunca,
Tú en el aire   tú en estas manos
Jamás de vuelta   a las aguas crudas.

EL BESO DE LA VIDA

Confundo este árbol   hoy contigo
Y si piensas   en frío y liberado
De la emoción   austral del aire
Podré verte correr   con piel de río,
Testigo de un beso   en el muslo
Donde no deja nadie   dar un beso
Pero yo sé sembrar   los hondos labios
Sobre muslos amados   y en los brazos
Cuando me doy   con el amor de frente,
Paso página   vivo o herido
Con toda lección   hoy aprendida
En la fuente del agua   del saber
De los hombres   felices que se aman.

LA ETAPA PROMETIDA

Hay quien dice   que estoy viviendo aun
La etapa de promesas,   y es falso.
Vivo yo en un camino   de difusos
Que usan muchos ojos   y sus labios,
Los pies besados,   las mejillas frescas
Y la voz de un canto   dando vida
A palabras transidas   de alto vuelo
Cuando lo más insólito   nos vive,
Huye, nos piensa,   habla. Nos admira.
Pero hay quien dice   una gran promesa
Con viento de metal   y de sordina
Cuando yo vivo   el gozo de los peces
Con voz angelical   de dulce flauta,
La música   que vive y estremece.

LA YEMA DE LOS DEDOS

Solo alargaría esta mano
Dudosa e insegura, temerosa
De tocar tu ombligo en silencio,
Sin despegar la piel de finos labios
Con el tacto del vello muy callado
Para saber qué luz darán tus poros
Con el nudo de esta piel salada
Que selló para siempre tu gran viaje
Hacia el tapiz hecho con enredos
Para ser un paisaje, solo un lazo
De mar enorme y frío en contacto
Con la piel de mis dedos aprendidos
Y tantas nubes, cálidas caricias
Para soñar brillante el gran deseo
Que me atrae si pronto das sin voces
La entereza de amarte para siempre
Con la piel de un encuentro esperado
Con los que toco el alto cielo habido
Y el nacimiento fácil de la tierra.

HORMIGAS

No sé contar   hormigas en tu vientre,
Las siento   en las yemas de los dedos
Desfilando   de pubis a ombligo,
Ese bello   botón de mi chaqueta.
Hormigas ascendiendo   a tu pecho
Para ser viejo olivo   de buen fruto
Que no sabré contar   pero lo siento
En el iris labial   que lo proclama
Aceite frutal   hasta los dos hombros
Y así el hormiguero   sin más cuentas
En la excitación   de las cortinas
Henchidas   en el gozo y el sauce
Caído ante ti   con mis locuras
Siempre contra mí mismo   y culpable
De tener el amor   sobrado, fuerte.
Pero recuerda   que las mismas fuerzas
Que mi lengua recoge   en tu boca
Serán la voz contraria,   la tercera
Como respuesta   de uso ya fallido
Que a mí me convierte   en un ciego
Y me da esta vida   y este tacto.

LÍNEAS PARALELAS

Con los ojos abiertos   no hay vista.
Con tus ojos veré   luz en la hierba.
Con los ojos del lienzo   os amaría
Estando para mí   en lo más cierto.
Los ojos de aspidistra   me dirigen
Al más bello jardín   de fuente clara.
Con los ojos de RES,   el perro carea,
Sé cómo te desnudas   cualquier noche.
Con mis ojos   son propias tantas vistas
De un sueño tormentoso   que me hiere
Pero me hace fuerte   y yo llevo
La fuerza de un amor   y dos líneas
Paralelas,   activas, de mentira
Y de verdad   según tú amanezcas.

RES

Res es el perro fiel   de tanta vida.
El perro   que no tuve cuando niño.
El carea sin tener   que ser llamado.
Quien se da voraz   cuando hay para dar
Siendo una nube   cuando es verano
A mis pies busca   bajo esta mesa
El calor   de estufa de petróleo.
Es el buen perro   que se llama NADA,
Amigo   de substancia obediente
Llena todos los huecos   de la casa
Y afina las esquinas   de los lados
Porque es Res   quien vigila la acera,
Y me huele los pies   con el olor
De mi lugar secreto   que le cuenta
Cómo va el mal genio   esta mañana
O qué pasó   con las caricias de ayer.
Res cuando amamos,   huele nuestro aire
Y apoya su cabeza   en el suelo.
Sabe pensar   sobre lo visto y oído
Y sabe admirarnos   con su pelo
Que prolonga el mío   por ser cano
Cuando cerca el verano,   llueven nubes
Molestas,   con la forma de tus manos.

LA CANCIÓN DE LUCÍA

Los nietos de Lucía son muy dulces
Y son muchos y andan más despacio
Cuando hace un día de calor.
Los nietos de Lucía son como ella
Quitando uno más alto que tú
Al que le brillan rojos los dos labios
Aunque Lucía está ya en el cielo
Más allá que la luna y más clara
Que el ovillo de lana que ovilla
Siendo Lucía buena y muy sabia
Esperando visitas observadas,
Lucía me pregunta por la hora
Y es a mí a quien honra a diario
Cuando le doy las cinco casi y diez
Y recuerda un marido olvidado.
Lucía fue el aire de mi vida
El que sanó mi infarto juvenil
Y me curó el glaucoma más feroz
Con el buen vino, claro el buen sino,
A Lucía la quiero tanto y veo
Aunque duerma la risa de su ensueño
Y mis ojos la mimen con el frío.

RENAULT SEIS

Cuando   debo decirte adiós
Veo que mi corazón   retoza y muere
Negando el paso   plano del paisaje
De un Renault seis   de color plátano.
Este es el coche   de huida y escondite
Que muestra tu belleza   amenazando
Con posible   final y apoteosis
Mostrando   la llegada o la partida
Con un llavero   y una sola llave
Donde nunca   podremos elegir.
Es lo mismo   si vienes a sentir Càrcer
O buscas   mis botones de amar.
Necesitas hallarte   entre mis brazos
Y te apartas   buscando tus mentiras.
Cuando veo   alejarse la figura
Del Renault seis   color de plátano,
Sé que te he perdido   para siempre
Y no me volverás   a buscar más,
Cuando me dé igual   un adiós
Al portón   de tu coche angular.
Me duele más   no ver tu ombligo frágil
Siendo el gran conducto   de tu viaje
A este mundo   de sábana tan blanca
Que confunde   el amor con la maldad.

DEBERÍAS SALIR EN SILENCIO

Sé que debes salir con gran silencio
Y con paso seguro y muy firme
Pero date por muerto si me dejas
Y te burlas del poeta que te ama
En cada huella fácil de sus dedos
Que tú no has sentido en tus carnes
De vaho delicioso y gran aroma
Si tus dientes me muerden los pies fríos
Cuando no me contestas ni me mientes
Con el beso furtivo en la mejilla.
Mira de frente como las certezas
Y más no me respires en tu vida
Porque debes partir con tu silencio
¡Apártate de mí, sal de mi nube!
No me recuerdes como desmemoria
Si alguna vez el poeta fue tus labios
Y fuiste tú un abrazo y todo el viento.

SIN VUELTA DE LLAVE

No pierdas más   el tiempo que te falta
Ni me quieras ya   tanto ni tan poco
Diciendo que estás   allí en Marruecos
Siendo el sol   canela de El Rocío
El que mezcla   mentiras y lágrimas
Amaestrando   los días conmovidos
Para que no parezca   que se acaba
Un amor al fin   mano y bofetada,
Un amor   anunciado como culpa
Con tu oficio   de amado con olvido
Tú que vienes   nacido para amarte
Alto, vil poderoso   y cantado
Por todos   los artistas hoy sin ti,
El día   en que se mata el amor
Porque el tiempo   tiene blancas canas
Y esta canción   señala el fin
De una emoción   que va a morir.

DESAMOR EN LA DUCHA

Yo quisiera   decirte que te quise
Pero ya no lo siento   en la boca
Y se me cae   tu sombra en los labios
Porque no sé pensar   la gran verdad
Con el vasto derroche   de mi vida
Donada a tus más   sordos oídos
Cuando   yo suspiré por tu amor
Pronunciando   tu nombre de arrope
Con hojas de naranjo   que son labios
Ahora   que no sé decirte amor
¡Cuánto te amé   para el olvido!
Viendo bella La Mancha   en la ventana
Con ojos   empañados casi lentos
Nunca anestesiado   con el fútbol
El recurso   de muertos musculados
Negando   el espíritu del sol
Y la ducha   lloviendo con olvido.

ÍNDICE

MIENTRAS EL CIELO ARDÍA, por FEDERICO GALLEGO RIPOLL 7

Extremidades **9**

Veneno de pureza 11
Ser melifluo 12
Los papeles perdidos 13
Íntima mentira 14
La ley de uno por dos 15
Noble solar 16
Amanecer perezoso 17
Desprecio del macho 18
El engaño inocente 19
La columna desnuda 20
Hueles a cebada 21
La porcelana 22
Copas de brandy 23
Ensayo de un bolero 24
Fines de la duda 25
Las Aguzaderas 26

Palabras y embeleso **27**

Nunca diré tu nombre 29
Tu copa vacía 30
El secreto de mi vida 31
Tabla de calidades 32
Habla el modelo 33
Ruegos y preguntas 34
Delicado 35
1973 37
Estación de Valdepeñas 38

Problema de oídos 39
Copulativo 40
El viaje 41
Amor en Valencia 42
Pensar en voz alta 43
El aguacero 44
El hoyuelo 46
Sedimento 47

La canción de un río vivo **49**
La noche, ésta es la noche 51
Azud de Carcaixent 52
Desprecio del ocaso 53
Indicios de la soledad 54
El archivo de los fracasos 55
El agua agria 56
Para leer miradas 57
El beso de la vida 58
La etapa prometida 59
Las yemas de los dedos 60
Hormigas 61
Líneas paralelas 62
Res 63
La canción de Lucía 64
Renault seis 65
Deberías salir en silencio 66
Sin vuelta de llave 67
Desamor en la ducha 68